AF226501

LE TRONE ET L'AUTEL

RÉPLIQUE

A

L'INDÉPENDANT RÉMOIS

PAR

Léon PROVIN

Prix : 15 centimes

REIMS

PAUL GIRET, LIBRAIRE-ÉDITEUR

RUE DU CADRAN-SAINT-PIERRE, 5

1871

AVANT-PROPOS

Si nous voulions entretenir le public de toutes les différences d'opinion qui nous séparent de l'*Indépendant rémois*, nous n'aurions pas trop d'un organe quotidien qui fût entièrement à notre disposition.

Cet organe n'existe pas, et le lecteur comprendra facilement que nous renoncions à lutter pied à pied contre un journal armé de toutes ces ressources de la publicité qui nous font complétement défaut.

Une occasion se présente aujourd'hui de dire notre pensée sur les tendances de cette feuille, en répliquant à un article qui nous paraît résumer à lui seul fidèlement et complétement les doctrines et la polémique de l'*Indépendant* depuis deux mois. Cette occasion, nous croyons devoir la saisir.

Nous reproduisons donc cet article en son entier et le faisons suivre des objections qu'il nous paraît soulever.

Nous sentons amèrement tous les désavantages qui résultent pour nous de la publicité si restreinte à laquelle seulement nous pouvons espérer atteindre, mais nous n'avons pas cru devoir demander à l'*Indépendant* l'insertion d'une polémique dirigée contre lui sans provocation de sa part à notre endroit, et nous aurions craint d'éveiller des susceptibilités délicates chez le rédacteur du *Courrier de la Champagne* en le priant de nous ouvrir ses colonnes.

Tels sont les motifs qui nous ont engagé à recourir au procédé quelque peu insolite que nous employons.

Nous n'avons, d'ailleurs, nullement le désir d'occuper le public de notre personnalité. Nous signons ce que nous écrivons, seulement pour remplir notre devoir d'honnête homme, et n'avons d'autre but que celui de prêter notre faible appui à une cause que nous croyons bonne, qui a, en tout cas, elle aussi, le droit de se faire entendre, et qui n'a pas un seul représentant dans notre presse locale.

Si le public nous encourage dans cette voie, peut-être ce petit opuscule ne sera-t-il pas le dernier. En tout cas, nous croyons remplir un devoir en protestant aujourd'hui contre l'article dont il s'agit, mais nous nous estimerions trop heureux de rentrer dans le silence, si toute autre personne voulait bien prendre notre place à un poste que nous occupons uniquement parce que nous le voyons abandonné.

EXTRAIT DE *L'INDÉPENDANT RÉMOIS* DU 12 JUIN.

LE TRONE & L'AUTEL

« Un de nos correspondants nous signale un fait qui se serait passé dans une commune du département des Ardennes. Le curé de cette commune, un certain dimanche où son auditoire était aussi nombreux que possible, monta en chaire et aborda, sans autre forme de procès, les graves questions politiques à l'ordre du jour. Dire qu'il s'efforça de démontrer à ses paroissiens que le gouvernement de la République est impossible en France, nous semble inutile, on s'en doute déjà ; mais M. le curé ne s'en tint pas là et il se crut dans la nécessité de continuer son sermon (était-ce bien un sermon ?) en faisant un pompeux éloge de M. le comte de Chambord, qui, a-t-il dit, est appelé à rendre à l'Église catholique toute son autorité et toute sa splendeur primitive. Des intérêts de la France, on le pense bien, il n'en a été que peu ou point question dans le sermon de M. le curé.

» Ce fait, s'il était isolé, n'aurait certainement aucune importance ; mais, malheureusement, il n'en est pas ainsi, et dans toutes les parties de la France on se plaint, non sans raison, que la chaire se transforme en tribune politique. Dans un de nos derniers numéros nous avons emprunté au *Siècle* quelques lignes d'une lettre qu'il avait reçue de Versailles. On l'informait, nos lecteurs s'en souviennent peut-être, que dans cette ville où réside le chef du pouvoir exécutif de la République française, un manifeste de M. le comte de Chambord avait été lu dans toutes les églises.

 ‹ Or, M. le comte de Chambord se pose en prétendant, nul ne peut le nier ; et il se pose ainsi en face d'un gouvernement établi, d'un gouvernement qui fonctionne régulièrement. La République existant de droit et de fait (le dernier discours de M. Thiers ne laisse aucun doute à ce sujet), un prétendant est un factieux, cela semble de la dernière évidence. Nous voulons admettre, pour un instant, que M. le comte de Chambord soit au pouvoir et que les amis de la famille d'Orléans posent, dans une réunion publique quelconque, la candidature de M. le comte de Paris au trône de France. Que ferait le gouvernement de M. le comte de Chambord, et comment traiterait-il M. le comte de Paris et ses amis ?

 » En factieux, sans doute.

 » Un fait de la nature de celui que nous venons de raconter plus haut s'est passé à Herblay, commune dont la cure fait partie du diocèse de Versailles. Dimanche dernier M. le curé d'Herblay est monté en chaire, et au grand étonnement de l'assistance, il a annoncé que M. l'évêque de Versailles demandait des prières pour M. Henri de Bourbon pendant trois jours consécutifs. Le succès des entreprises de M. Henri de Bourbon ne peut être complet, paraît-il, qu'au prix de prières.

 » Qui dit parti clérical, dit aussi parti légitimiste, c'est bien entendu. Et ceux qui n'épargnent pas leur peine pour M. Henri de Bourbon, ne l'épargnent pas non plus pour ce qui touche aux intérêts du Vatican.

» Les adresses au Pape qui se signent dans les villages les plus ignorés, dans les plus minces bourgades, dans les plus petits hameaux, sont déjà connues de nos lecteurs. Nous avons dit aussi quel était le genre de signatures généralement recherché par les promoteurs de ces adresses. Des signatures d'enfants de six ou huit ans, incapables par conséquent du moindre discernement ; mais enfin il faut bien se contenter de ce que l'on trouve.

» Cependant on s'expose parfois en les acceptant à de vertes leçons, nous n'en voulons pour preuve que la lettre suivante qui a été adressée à l'*Avenir* d'Auch. Cette lettre prouve que les faits signalés par nous, hier dans la Marne et aujourd'hui dans les Ardennes, se passent aussi dans le Midi de la France :

« Monsieur le Rédacteur,

» Je prends la voie de votre journal pour protester contre la signature qui a été arrachée à ma fille, Mlle Rosa Daubas, élève au couvent des dames de Nevers de Vic-Fesenzac, au sujet de félicitations à adresser au pape Pie IX.

» On ne doit pas, il me semble, surprendre la signature des mineures, même pour les besoins du Saint-Père ; et je vous prie en conséquence de vouloir bien insérer ma protestation dans le prochain numéro de l'*Avenir*.

» J. DAUBAS, *propriétaire à Caillavet*. »

» En Bretagne, M. le général de Charette vient de consacrer son régiment (pour le tenir prêt à tout événement peut-être) au Sacré-Cœur de Marie ; et, cela fait, il lui a adressé en faveur du trône et de l'autel une énergique proclamation.

» M. de Charette était-il dans son droit en faisant cela ? Nous ne le pensons pas.

» A Saint-Servan, à Vitré, à la Rouvière, à Rennes même, on fait circuler une pétition dans laquelle on demande avec la plus étonnante franchise le retour d'Henri V et le pouvoir temporel du pape.

» De là des excitations dans les campagnes, des colères sourdes, des haines, une agitation enfin que l'on ne pourra calmer si on laisse le mal s'aggraver.

» Il est donc de toute nécessité que le gouvernement de la République, que le chef du pouvoir exécutif prennent des mesures sévères contre ceux qui, une fois encore, peuvent par leurs agissements, par leurs menées ouvertes ou cachées, compromettre la paix publique dont la France a un besoin si impérieux.

» Ces mesures, le gouvernement se hâtera de les prendre, nous n'en pouvons pas douter.

» Il le doit. Il le faut !

» G.-M. DUCROS. »

On vient de lire un appel très-catégorique aux mesures de répression contre ceux qui, *avec la plus étonnante franchise, demandent le retour d'Henri V et le rétablissement du pouvoir temporel du Pape.* Cet appel est-il justifié? Nous ne le pensons pas, et, à nos yeux, jamais réquisitoire plus faible n'a eu conclusion plus sévère.

Comment justifiez-vous, en effet, messieurs de l'*Indépendant*, de la légitimité et de l'opportunité de ces mesures que vous réclamez? Elles sont rendues nécessaires, dites-vous, par la nature des manœuvres dirigées contre la République, manœuvres exposées au cours de votre article et sur lesquelles nous reviendrons plus tard. En outre, quand même les auteurs de ces manœuvres montreraient plus d'honnêteté qu'ils ne le font, ils agiraient encore en coupables, disons le mot, en *factieux*, puisque la République existe non-seulement de *Fait*, mais de *Droit, ainsi qu'il résulte du dernier discours de M. Thiers.*

Permettez, entendons-nous.

Le discours de M. Thiers, selon nous, se résume ainsi :

« J'ai reçu la République des mains de l'Assemblée ; tant que je serai au pouvoir, je la maintiendrai. Je reconnais, d'ailleurs, entièrement à la nation le droit de se donner un autre gouvernement. Je la conjure, toutefois, eu égard aux circonstances douloureuses dans lesquelles nous nous trouvons, d'ajourner sa décision à cet égard. Monarchistes et républicains, usons d'une tolérance réciproque dans l'intérêt bien entendu du pays. Ne discutons pas la question constitutionnelle, évitons même de la poser jusqu'au moment où la France débarrassée de l'étranger, son crédit rétabli, son commerce ranimé, pourra décider dans sa force et sa liberté quel gouvernement elle entend se donner. Jusque-là, maintenons d'un commun accord et à titre de transaction un état de choses provisoire qui nous permette de réorganiser nos forces et nos ressources *sans engager l'avenir, soit au profit de la Monarchie, soit au profit de la République.* »

Voilà comment nous comprenons le discours de M. Thiers, et, sur ce terrain, sous ces réserves, nous sommes pleinement d'accord avec lui.

Mais prenez garde : il résulte invinciblement de ce langage si élevé et si patriotique que la République existe en *Fait* et non en *Droit*, et qu'on nous invite à respecter son existence de *Fait* jusqu'au jour où des conditions meilleures permettront au pays consulté de convertir le fait en *Droit*, ou de renverser à la fois et le fait et le prétendu droit. Jusque-là, nous avons un gouvernement anonyme : vous l'appelez République parce qu'il n'y a pas de roi à sa tête. Soit. Nous préférons, nous, l'appeler interrègne. Le pays dira plus tard qui de nous a raison ; quant à présent, sans chicaner sur les mots, nous ne demandons pas mieux que de maintenir l'ordre de choses existant sous le nom de République, puisque ce nom vous va mieux.

En quoi cette attitude est-elle *factieuse ?* Où prenez-vous dans le discours de M. Thiers cette déclaration que la *République* est la forme définitive de notre gouvernement en *Droit* comme en fait, et que, désormais, quiconque se fera l'avocat d'un autre régime sera un factieux ?

Nous ne l'y voyons nulle part. M. Thiers nous paraît, au contraire, avoir demandé purement et simplement que nous nous abstenions provisoirement de discuter le *Fait*, la question de *Droit* demeurant réservée.

Si nous avons raison dans notre interprétation, M. Thiers a soutenu précisément le contraire de votre thèse.

Vous plaît-il que nous ayons mal compris le Chef du pouvoir exécutif ?

En ce cas, M. Thiers a eu le tort de dire le contraire de ce qu'il avait dit jusqu'ici, mais il n'a pu par là même, et au prix de cette contradiction, asseoir la République en droit comme elle existait en fait. Le pays seul ou la Chambre qui le représente ont qualité pour cela, et ni le pays ni la Chambre ne se sont prononcés.

Dans ces conditions, si même M. Thiers a fait la déclaration que vous croyez trouver dans ses paroles, cette déclaration de M. Thiers est pour nous nulle et non avenue et ne nous engage à rien. Nous vous le déclarons tout net.

Et pourquoi serions-nous obligés d'accepter la République des mains de M. Thiers, quand vous vous reconnaissez le droit de repousser la monarchie s'il prétendait l'imposer ?

Et n'allez-vous pas plus loin encore? Ne déclarez-vous pas à l'avance que vous ne vous soumettrez pas, le cas échéant, au vœu exprimé non-seulement par M. Thiers, mais encore par le pays ou la Chambre régulièrement consultés ?

Car enfin, tandis que nous nous déclarons prêts à accepter et respecter la décision du pays quand même elle serait contraire à nos opinions personnelles, vous nous prédisez tous les jours et sur tous les tons *la guerre civile*, dans le cas où la nation ne se courberait pas devant vos exigences.

Et cette guerre civile, c'est nous que vous entendez en rendre responsables! Et qui donc la fera, s'il vous plaît? Vous n'êtes pas des communeux, nous le croyons sincèrement; mais enfin, sont-ce des royalistes qui viennent de nous infliger celle dont nous sortons? Et tandis que les organes républicains menacent à l'envi la France de se soulever contre le gouvernement qu'elle se sera donné, pourriez-vous nous citer un seul organe monarchique qui fasse des menaces ou, si vous l'aimez mieux, des prédictions semblables pour le cas où la République viendrait à triompher?

Non, vous n'êtes pas des communeux, mais si les votes de ceux qui le sont faisaient tous défaut aux républicains, combien seraient portés au pouvoir? Et dans quels rangs se recruteront les combattants de la future guerre civile faite au nom de la République? Sera-ce dans les leurs ou dans les nôtres?

Que vous le veuillez ou non, la *force* de votre parti est là; *l'honneur* du nôtre est que jamais les voix de ces électeurs que vous êtes obligés de désavouer ne s'égareront sur nos candidats.

Voici donc notre attitude, que vous dénoncerez au parquet si bon vous semble.

Nous serions désolé de faire quoi que ce soit pour empêcher le succès de l'épreuve tentée par M. Thiers en ce moment. Nous ne voulons rien faire pour hâter le terme de l'état de choses actuel.

Mais cet état de choses aura nécessairement une

fin. Quand cette fin arrivera, nous accepterons loyalement la décision du pays. D'ici là, nous maintenons notre droit de manifester, sans qu'on puisse nous traiter de factieux, nos préférences pour le régime monarchique, et nous en usons et en userons, ne vous déplaise ! Est-ce que vous ne manifestez pas vos préférences pour la République ?

Eussions-nous dix fois tort sur ce point, de grâce, pourquoi confondez-vous dans le même anathème ceux qui demandent le retour d'Henri V et ceux qui réclament le rétablissement du pouvoir temporel ?

La République une fois légitimement établie, nous vous concédons sans peine que la première demande serait factieuse, et nous vous déclarons que nous ne la ferions pas. Mais en quoi la seconde pourrait-elle choquer le gouvernement républicain le plus jaloux de ses droits ? La République française n'a-t-elle pas ramené le pape à Rome en 1849 ?

La République future serait-elle donc un gouvernement si libéral qu'on ne pourrait sous son empire discuter librement une question de politique extérieure et pétitionner au besoin pour lui voir donner une solution conforme à ses désirs ? Est-ce qu'on ne peut être républicain sans être garibaldien ? Dans ce cas, qu'on nous ramène aux Bonaparte !

Ah ! messieurs de l'*Indépendant*, vous vous plaignez amèrement que le parti légitimiste et le parti clérical ne fassent qu'un. Vous dénoncez à l'indignation de vos lecteurs l'alliance sacrilége du trône et de l'autel ! Mais, si cette alliance existe, qui l'a rendue nécessaire, inévitable ? A qui en remonte la responsabilité ? Pourquoi est-elle dans la force des choses ?

Est-ce que par hasard l'Église aurait érigé la monarchie en dogme ? Nullement. A-t-elle du moins manifesté une antipathie particulière pour la forme républicaine ? Pas davantage.

L'Église ne vous a donc pas déclaré la guerre. Mais vous-mêmes, ne la lui déclarez-vous pas tous les jours ? Avez-vous dès lors le droit de vous étonner ou de vous plaindre que les partisans de l'Église, et ce, sans aucune pression de sa part, ne soient pas les vôtres ?

Espérez-vous que l'Église ne pourrait subsister en France sans l'appui du pouvoir royal ? On serait tenté de le croire, à voir l'espèce de solidarité que vous prétendez établir entre ses destinées et celles de la Monarchie. Si réellement vous nourrissez cette espérance, nous ne la croyons pas fondée : en tout cas, dissimulez-la bien ; l'avouer serait porter le coup de grâce à votre système favori.

Non, messieurs, il n'est pas vrai qu'on soit nécessairement légitimiste pour être catholique, mais nous croyons qu'il suffit d'être catholique pour ne pas vouloir la République, au moins telle que vous l'entendez.

En cela, les catholiques montrent-ils quelque antipathie pour la liberté ? Ils la veulent au contraire, tandis que, l'invoquant sans cesse, vous annoncez l'intention de la proscrire sous toutes ses formes. N'affichez-vous pas tous les jours la prétention de fermer les couvents, de bannir la religion de vos écoles *obligatoires*, de dépouiller sans indemnité le clergé du *revenu* qui lui appartient si légitimement et que vous qualifiez de salaire, d'interdire les manifestations extérieures du culte ?

Est-ce ainsi que vous entendez la liberté de conscience ? Et l'usage de cette liberté, ne prétendez-vous pas l'interdire *aux enfants eux-mêmes*, et n'affirmez-vous pas que des mineurs n'ont pas le droit de manifester leurs croyances religieuses en signant des adresses au Souverain-Pontife ?

Quel mal voyez-vous donc à cela, et depuis quand un mineur a-t-il perdu le droit d'avoir et de manifester |une conviction religieuse différente de celle de son père ?

Vraiment, les catholiques seraient bien naïfs de s'appuyer sur vous ! Pourquoi ne se seraient-ils pas ralliés à la Commune ? Elle aussi proclamait la liberté de conscience.

Mais enfin, si les catholiques ont des griefs contre vous, vous n'êtes pas, dites-vous, sans en avoir contre eux. Nous allons, s'il vous plaît, passer en revue ceux que vous alléguez.

Premier grief. — Ils demandent le rétablissement du Pouvoir temporel.

Nous n'avons pas le loisir de traiter en ce moment cette grave question. Peut-être le ferons-nous prochainement.

Nous nous bornerons aujourd'hui à affirmer, comme susceptible d'une démonstration à la fois rigoureuse et facile, cette proposition que nous devons nos malheurs actuels à notre politique en Italie. Une des plus grandes autorités dont nous pourrons invoquer le témoignage avec fruit sur ce point sera celle du Chef actuel du Pouvoir exécutif.

Au point de vue religieux, nous affirmons notre conviction qu'il est indispensable que le Pape règne à Rome.

Au point de vue politique, nous demandons que la France oblige l'Italie à respecter les engagements qu'elle a contractés vis-à-vis de nous et la punisse d'avoir osé profiter de nos malheurs pour nous outrager.

Essaierez-vous de démontrer qu'il y aurait une violation du principe de *non-intervention* à réclamer l'observation d'un traité conclu avec la France ? Oseriez-vous même déclarer que vous respectez encore en lui-même ce principe, après vous être plaints que l'Europe nous l'ait appliqué dans la guerre que nous venons de soutenir contre la Prusse ? Ou bien, en présence de ce qui se passe chez nous, tenez-vous encore pour la théorie des faits accomplis ?

Nous prétendons donc user d'un droit incontestable et nous faire l'avocat d'une politique vraiment nationale en réclamant notre intervention à Rome. Que voyez-vous là à reprendre?

Reste la question d'opportunité. Nous la réservons, mais notre patriotisme souffrira cruellement le jour où nous serons obligés de reconnaître la France tellement abaissée par les succès de la Prusse, qu'elle ne peut plus protéger au dehors ses intérêts et son honneur.

Deuxième grief. — Les catholiques ne séparent pas les intérêts du trône de ceux du Vatican.

Comme Français, nous renoncerons de grand cœur à défendre le trône le jour où la nation et non une minorité arrogante se déclarera républicaine. Sous aucun régime, dans aucune condition, nous ne renoncerons à défendre le Vatican. Dieu et Patrie ! messieurs, mais Dieu d'abord. Bien qu'au prix d'un grand déchirement, nous pourrions renoncer à la France, à notre foi jamais !

Quelle que soit la forme du gouvernement futur, ce gouvernement succombera s'il ne s'appuie sur la Religion. Et si par impossible le contraire arrivait, il se produirait un malheur bien plus épouvantable que la chute d'un gouvernement, la France elle-même périrait !

Troisième grief. — Le clergé viole la liberté de conscience en engageant des mineurs à signer des adresses au Pape. Nous avons répondu sur ce point.

Quatrième grief. — Le clergé transformant la chaire

en tribune lit dans les églises des manifestes du comte de Chambord, témoin ce qui se passe dans le diocèse de Versailles et dans certaines paroisses des Ardennes.

Pour ce qui regarde le diocèse de Versailles, nous empruntons la réplique suivante à l'*Univers* du 14 courant :

« Le *National* et le *Siècle* veulent bien reconnaître qu'ils n'ont pas précisément dit la vérité en affirmant qu'un manifeste du comte de Chambord avait été lu dans toutes les églises du diocèse de Versailles. Ils n'ont pas, d'ailleurs, assez de loyauté pour retirer absolument leur affirmation. Un tel acte les compromettrait vis-à-vis de leur public. Ils soutiennent donc qu'il y a eu quelque chose et maintiennent toutes leurs observations.

» Le *Siècle* consentirait cependant à désavouer son correspondant si nous affirmions que le manifeste n'a été lu dans aucune église, ni à aucune messe. Eh bien, nous lui affirmons que cette lecture n'a été faite nulle part. Qu'il nous démente, non pas par des équivoques ou des généralités, mais par un renseignement précis.

» Le *National* abandonne le manifeste lui-même et donne à entendre que la lettre pastorale de Mgr l'évêque de Versailles en tenait lieu.

» Mgr de Versailles, voulant montrer que le sentiment religieux reprenait force en France, a signalé en quatre lignes le vote de l'Assemblée nationale sur les prières publiques, le noble manifeste du comte de Chambord où les droits de Dieu sont proclamés, et la déclaration de quatre-vingts journaux de province demandant que la France ait un gouvernement chrétien.

» Voir dans cette seule phrase d'une lettre pastorale

un manifeste du comte de Chambord, et partir de là pour donner de ce manifeste une analysè comme l'ont fait le *National, l'Avenir national* et le *Siècle*, c'est montrer trop d'imagination. S'appuyer sur cette étrange erreur pour attaquer tout le clergé, c'est joindre à l'excès d'imagination beaucoup de mauvaise foi.

» Le *Siècle*, voulant se tirer d'embarras, nous dit qu'après tout, si le comte de Chambord n'est pas recommandé au prône, il l'est dans les journaux. Ce n'est pas tout à fait la même chose. Le *Siècle* ajoute que la République est bien bonne de supporter nos attaques. Vraiment ! ignore-t-il que le pouvoir actuel est intérimaire et que tout citoyen français a le droit, même le devoir, d'affirmer ses préférences ? La République nous tolère parce que nous la tolérons. Si le gouvernement mettait obstacle à la libre expression des sentiments monarchiques, il trahirait son mandat et la majorité de l'Assemblée ne le supporterait point.

» Le *National*, éprouvant comme le *Siècle* le besoin de déplacer le débat, nous appelle « Basile » et « malhonnête homme », — c'est signé I. Rousset. Cela est sans conséquence ; mais le point que touche le *National* mérite que l'on y revienne, et nous le ferons. Il s'agit de savoir si les écrivains qui ne cessent, selon l'expression de Lamartine, « d'aboyer à la robe du prêtre, » sont innocents des attentats de leur public contre les hommes qu'ils ont dénoncés à ses fureurs.

» Quant à l'*Avenir national*, il n'a pas signalé et analysé un manifeste du comte de Chambord, lu en chaire, il n'a pas solennellement tiré de ce fait faux toutes sortes de conséquences graves, pour dire ensuite qu'il n'y avait rien. Au lieu de s'expliquer, il se tait, et ses lecteurs, dont il vient d'accroître les colères ignares contre le clergé, ne sauront pas qu'il les a trompés.

› Eugène Veuillot. ‹

Quant à ce qui se serait passé, au dire d'un correspondant *anonyme*, dans une cure également *anonyme* du département des Ardennes, nous demandons la permission, contrairement à ce qui paraît être dans les habitudes de certains républicains, de ne pas condamner les gens sans les avoir entendus.

Quand votre correspondant aura désigné le curé incriminé et reproduit le texte de ses paroles, et que nous aurons entendu le curé à son tour, nous verrons ce que nous devrons croire. Jusque-là, nous vous demandons la permission d'infliger de confiance un démenti pur et simple à votre correspondant, quitte à lui faire plus tard amende honorable s'il y a lieu.

Il semble, messieurs, qu'après ce qui s'est passé, il y a quelques jours à peine, à l'occasion des élèves du petit-séminaire, vous devriez accueillir moins légèrement les communications de vos correspondants *anonymes*.

Enfin, M. de Charette, en congédiant son régiment, lui a adressé en faveur du trône et de l'autel une énergique proclamation.

Vous ne pensez pas que M. de Charette ait été dans son droit en faisant cela. Ayez la bonté de nous montrer en quoi il en est sorti, puisque son régiment était composé de volontaires.

Mais il a consacré son régiment au Sacré-Cœur ! Sera-t-il inscrit dans la Constitution républicaine que de pareils actes sont interdits ?

Mais il tient ce même régiment prêt à tout événement peut-être.

Nous sommes certain que le régiment de M. de Charette, qui, après s'être héroïquement battu contre les Prussiens, a offert ses services contre les insurgés, sera toujours du côté du droit, du côté de la France contre le désordre. Nous ne pouvons, d'ailleurs, puisque nous tenons à rester poli, qualifier comme elle le mérite votre insinuation.

Nous nous résumons, messieurs.

Vous nous regardez probablement comme un ennemi de la République. Nous ne le sommes pas *quand même*, et nous croyons être pour elle bien moins redoutable que vous-mêmes. Ce qui perd la République en France, on vous l'a dit sur tous les tons, et M. Thiers vous l'a répété, ce sont les républicains. Ce qui la perd, c'est qu'il est évident à tous les yeux non prévenus qu'il existe une solidarité bien plus étroite entre la République et l'impiété que celle que vous croyez voir entre le trône et l'autel, comme vous dites. Ce qui la perd, c'est qu'il n'est manifestement pas chez nous de cri plus opposé à celui-ci : Vive la République ! que cet autre : Vive la Liberté !

Vous appelez les rigueurs du pouvoir sur ceux qui demandent le retour d'Henri V et le rétablissement du pouvoir temporel. Courez donc nous dénoncer au parquet. Ce faisant, vous dessillerez bien des yeux que nous voudrions ouvrir sur la véritable valeur de vos protestations en faveur de la liberté, et vous susciterez probablement à la cause que nous défendons des champions plus habiles et plus éloquents que votre très-humble serviteur. Amen.

Reims, Imprimerie et Lithographie de E. Luton, rue Cérès, 17.

9 782011 772954